如果史記這麼帥

2 霸主王侯

戴建業 主編

漫友文化 繪

國家圖書館出版品預行編目（CIP）資料

如果史記這麼帥.2, 霸主王侯（超燃漫畫學
歷史＋成語）/戴建業主編.漫友文化 繪 --
初版.--新北市：野人文化股份有限公司出版
：遠足文化事業股份有限公司發行, 2022.09
　面；　公分
ISBN 978-986-384-783-0（平裝）

1.CST: 史記 2.CST: 漫畫

610.11　　　　　　　　　　　111013296

Graphic Times 36

如果史記這麼帥
❷ 霸主王侯
【超燃漫畫學歷史＋成語】

編　　者	戴建業	
繪　　者	漫友文化	

社　　長	張瑩瑩
總 編 輯	蔡麗真
責　　編	徐子涵
校　　對	魏秋綢
行銷企劃	林麗紅、蔡逸萱、李映柔
封面設計	周家瑤
內頁排版	藍天圖物宣字社

出　　版　野人文化股份有限公司
發　　行　遠足文化事業股份有限公司 (讀書共和國出版集團)
　　　　　地址：231 新北市新店區民權路 108-2 號 9 樓
　　　　　電話：(02) 2218-1417　傳真：(02) 8667-1065
　　　　　電子信箱：service@bookrep.com.tw
　　　　　網址：www.bookrep.com.tw
　　　　　郵撥帳號：19504465 遠足文化事業股份有限公司
　　　　　客服專線：0800-221-029
法律顧問　華洋法律事務所 蘇文生律師
印　　製　凱林彩印股份有限公司
初版首刷　2022 年 9 月
初版 4 刷　2023 年 6 月

如果史記這麼帥 (2)

線上讀者回函專用 QR CODE，
您的寶貴意見，將是我們進步
的最大動力。

野人文化官方網頁

青少年為何要讀、如何去讀《史記》？

常有家長給我留言或私訊：戴教授，能不能給我小孩推薦一本書，讓他了解中國的歷史文化？

我第一個想到的就是《史記》。

《史記》既是最早的一部中國通史，也是中國最早的一部百科全書，同時還是一部偉大的文學經典。

在《報任少卿書》中，司馬遷向朋友坦露了自己寫《史記》的雄心：「究天人之際，通古今之變，成一家之言。」用今天的話說，就是要探究天道與人事的關係，貫通古今發展演變的脈絡，形成自己獨特的思想觀念。這是何等的胸襟、氣魄、膽識與才華！司馬遷生活在氣度恢弘的大漢鼎盛時期，漢武帝下《求茂才異等詔》說：「蓋有非常之功，必待非常之人。」只有西漢那樣的「非常」之世，才會有司馬遷這樣的「非常之人」；也只有司馬遷這樣的「非常之人」，才會有《史記》這樣的「非常」之作。

顧名思義，《史記》首先是史學名著。小朋友知道自己是爸爸媽媽生的，爸爸媽媽是爺爺奶奶生的，少數孩子也許還知道，爺爺奶奶是曾祖父曾祖母生的，再往上推就可能兩眼茫然。《史記》從傳說中的「五帝」——黃帝、顓頊、帝嚳、堯、舜，一直寫到漢武帝時期，也就是從「古」貫穿到「今」，如夏代開國之君，也是大家熟悉的治水之王禹，殘暴的夏桀，荒淫的商紂，還有周文王、周武王、周公、秦始皇等等，從「人文初祖」說起，直到漢武帝開疆拓土結束。儒家奉為經書的《尚書》，也只有一篇《堯典》寫到堯，《春秋》更只記述了春秋時期魯國200多年的歷史。司馬遷在《五帝本紀》中說：「余嘗西至空桐，北過涿鹿，東漸於海，南浮江淮矣，至長老皆各往往稱黃帝、堯、舜之處。」他將實地考察、歷史傳說和文獻記載相互參證，彌補了前人史書記載的缺憾，追索至民族歷史的開端。

要想了解中華民族文化的起源，要想知道華夏民族如何形成，要想知道我們祖先怎樣生活，要想知道傳統文化的特點，偉大的《史記》是今天的首選。

《史記》同時也是一部「傳統文化概論」，它本身就是傳統文化的結晶。雖然司馬遷可能對道家更有好感，班固因此埋怨他「是非頗繆於聖人」，但《史記》中有《孔子世家》，而老子只入《老子韓非列傳》，不只「世家」地位高於「列

傳」，而且老子還是與他人合傳。司馬遷作為史學家那客觀公允的態度，還有他那寬廣博大的胸懷，使他的《史記》能夠融匯百家。《史記》包括本紀、表、書、世家、列傳五體。這五體彼此獨立又相互補充，正如鄭樵所說的那樣，「本紀紀年，世家傳代，表以正曆，書以類事，傳以著人，使百代而下，史官不能易其法，學者不能舍其書」。本紀是歷代帝王活動簡史。「本」的意思是「根」，「紀」的意思是「記」，本紀就是記載有根本意義的國家大事。「表」是以表格的形式，把天下同時發生的大事編在一起，讓讀者易於縱覽全域，易於觀政治得失。「書」是對天文、地理、科技、經濟、文化、商貿等方面的專門記載與闡釋，分別記述了禮、樂、律、曆、天官、封禪、河渠、經濟，這八書就是八門學科簡史。「世家」是記載世代相延的家族史，突出重要歷史人物的身世，其中大多是王侯將相，但也有百代先師《孔子世家》，和農民起義英雄《陳涉世家》。「列傳」是重要歷史人物的傳記。

一部《史記》，「天上人間」無所不包，體現了作者「究天人之際」的宗旨。從天文到地理，從禮樂到經濟，從曆法到封禪，既縱橫交錯又脈絡清晰，司馬遷知識的廣博和思想的深刻讓人驚嘆！

《史記》同時又是文學經典，是古代散文難以超越的高峰。古人稱其文風「雄深雅健」，「雄」指《史記》文章雄強的氣勢，「深」指深沉的情感和深邃的文境，「雅健」指語言的遒勁雅潔。它刻畫人物的高超技巧，它行文獨特的敘事方法，它栩栩如生的對話藝術，不僅深刻地影響了後世散文家，也影響了一代代小說家，甚至還影響了許多詩人。梁啟超在《要籍解題及其讀法》中說：「後世諸史之列傳，多藉史以傳人；《史記》之列傳，惟藉人以明史。」歷史是人的活動軌跡，《史記》把人寫活了，因而也就把史寫活了。即使今天翻開《史記》，幾千年前的歷史人物仍舊活靈活現，那些驚心動魄的歷史像在眼前重演。

還是魯迅對《史記》的評價最為深刻形象：「史家之絕唱，無韻之離騷。」《史記》是史家的絕唱，也是文學的典範。

現在的中小學語文課本，節選了《史記》中的許多名篇。我們的常用成語許多來自《史記》，如完璧歸趙、運籌帷幄、約法三章、網開一面、背水一戰、取而代之、隨波逐流、如膠似漆、與世沉浮、短小精悍、多多益善、高屋建瓴、指鹿為馬、紙上談兵、沐猴而冠、招搖過市、怒髮衝冠、鴻鵠之志、肝腦塗地、

四面楚歌、負荊請罪、脫穎而出、坐山觀虎鬥等等。今天的日常交流，我們一張口就離不開《史記》：「這對情侶如膠似漆，天天黏在一起」、「你就知道紙上談兵」、「現在大家要破釜沉舟，豁出去」、「這小子在眾多競爭者中脫穎而出」……等，可見《史記》已經融為民族的文化血液。

總之，對於今天的青少年來說，熟悉中國歷史要讀《史記》，學習傳統文化要讀《史記》，練習作文要讀《史記》，開拓心胸更要讀《史記》。

遺憾的是，不僅青少年讀《史記》十分困難，今天成人讀《史記》同樣「頭痛」。如今，《史記》與讀者之間，有文字的障礙，有背景的差異，有感情的隔膜，很多人知道它營養豐富，但不知道如何從它那兒吸取營養。

當然，不只是《史記》如此，許多古代文學經典同樣如此。幾年前，《光明日報》報導今天「死活讀不下去」的十本書中，古代四大小說名著都赫然在列。這些小說名著都用白話寫成，成人讀不下去不是語言問題，所以《史記》即使白話翻譯，也很難引起青少年的興趣。

而要讓青少年熟讀《史記》，就必須激發他們的閱讀興趣。正如食物一樣，不能只對小孩說它的好處，還得讓小孩覺得它好吃，再好的食物孩子不愛吃就是白費，再好的書孩子不愛讀也是枉然。

於是，我們請了一流的漫畫家，請了優秀的作家，將《史記》中的美妙文章，變成孩子們喜歡的有趣漫畫，讓青少年在笑聲中「漫畫讀史記」，將過去他們被逼著來讀，變成他們自己迫切想去讀。

為了讓青少年用漫畫「讀」熟《史記》，我們每個章節都設計了不少小專欄，或提示重點，或引導思考，或強化記憶。漫畫不只配有趣味橫生的解說，每頁下面還附有一小段《史記》原文，讓孩子們循序漸進地學習古代名著。另外，每一冊都有「詞語大富翁」，讓小孩「讀」漫畫時又記住了成語典故。

我們這些努力的目的，就是要讓小孩津津有味地看漫畫時，在不知不覺中提高閱讀能力，在潛移默化中提升寫作水準。

可憐天下老師心！

劉建业

2022 年元月於武昌

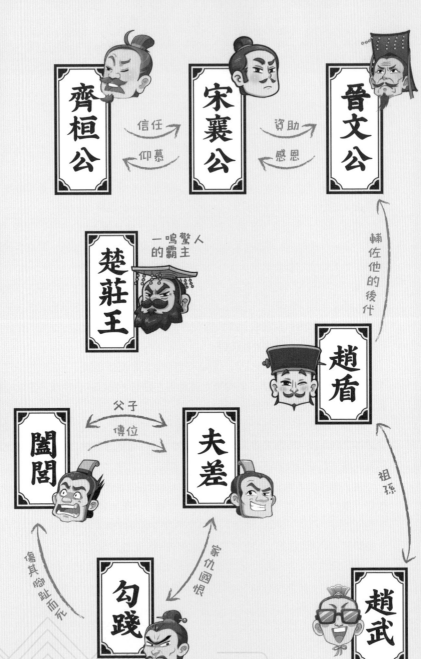

人物關係圖．霸主王侯篇

齊桓公 —信任→ ←仰慕— 宋襄公 —資助→ ←感恩— 晉文公

楚莊王 一鳴驚人的霸主

輔佐他的後代

趙盾

闔閭 ←父子 傳位→ 夫差

祖孫

傷其腳趾而死

勾踐 —家仇國恨→ 夫差

趙武

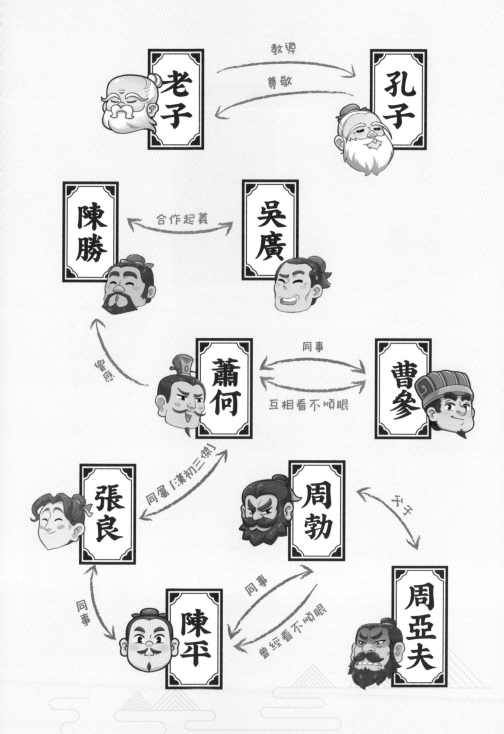

齊宋爭霸

風光與落魄

1/

西周王室不爭氣，諸侯國勢力卻越來越強，誰不想爭天下第一？強大的齊國率先搶占霸主之位，引得後來者紛紛效仿。

齊桓公

風光無限的霸主，晚年無人問津

姜小白

出生地

齊國臨淄
（今山東臨淄）

生年

不詳

卒年

西元前 643 年

身份

齊國國君、
春秋首霸

技能

急中生智

首位霸主

齊桓公繼位後，任用管仲、鮑叔牙等多位賢才治國理政，帶領齊國走向強盛，並有了稱霸諸侯的野心。

他打出「尊王攘夷」的旗號，和其他諸侯聯盟，不想合作的就打到人家同意為止。對於同盟國，他又十分大方。有次他營救了受到侵略的燕國，燕王為表感激，親自將他送回齊國，於是齊桓公將燕王經過的齊國領土全部送給他，以示尊重。諸侯們都服氣了，捧他成為第一個霸主。連周天子都承認他的地位，賞賜了許多東西。

然而後來齊桓公放飛自我，任用奸邪小人，導致王權旁落。他去世後，兒子們忙著爭奪王位，任由他的屍體在床上晾了六十多天都不下葬。

來都來了還帶什麼禮物！

打著火把都找不到人才？

齊桓公非常渴求人才。他看到一個管仲就給齊國帶來了翻天覆地的變化，就渴望有更多的人才來添磚加瓦。於是他命人在宮殿前面燃起火把，以表示齊國大門常打開，隨時歡迎人才來。結果整整一年過去了都沒有人來，齊桓公非常尷尬。

宋襄公

空有一顆野心，卻毀於婦人之仁

子茲甫

出生地

宋國商丘
（今河南商丘）

生年

不詳

卒年

西元前 637 年

身份

宋國國君

技能

仁義之師

爭當盟主

　　宋襄（ㄒㄧㄤ）公剛繼位就參加了齊桓公主持的葵丘會盟，答應幫他照顧太子昭。齊桓公逝世後，齊國發生內亂，宋襄公擁立太子昭成為新的君主，在諸侯間名聲大振。他立馬就飄了，想效仿齊桓公成為霸主，於是召集各諸侯會盟。丞相目夷不同意，擔心小國爭霸會引來災禍。宋襄公不聽，結果中了楚國的埋伏，不幸被俘，幾個月後才被釋放。

　　後來宋國和楚國開戰，宋襄公不顧目夷多次阻攔，堅持親自迎戰。兩軍在泓水相遇，目夷建議宋襄公趁著楚軍忙著渡河、沒法防備時發起攻擊，後來又建議趁著楚軍還沒擺好陣勢趕緊開打。宋襄公卻不肯乘人之危，等到楚軍準備完畢後才命令出戰。結果宋軍慘敗，宋襄公也因負傷過重不幸逝世。

大開眼界 居然有人想把到手的王位讓出去？

　　宋國是周滅商後，周王封給商紂王的兄長而建立的，它繼承了商朝的禮樂文化。宋襄公因為嫡子身份早就被立為太子，但他覺得庶兄目夷更加忠厚仁義，懇求父王將王位傳給目夷。他的父王十分感動，然後拒絕了；目夷也堅決不同意，躲到了國外。宋襄公沒有辦法，只好繼位，並請目夷回國輔佐。

弟弟當。

使不得使不得。

春秋首霸齊桓公

齊國，
一開始是周武王分封給姜子牙的諸侯國。

到了春秋時期，
周王室衰弱，
各諸侯有了逐鹿中原的野心。

於是武王已平商而王天下，封師尚父於
齊營丘。

　　　　　　　　　——《史記·齊太公世家》

其中，
齊國誕生了春秋首霸——
齊桓公。

誰敢和我搶?!

齊桓公本名小白，
是齊僖(ㄒㄧ)公的第三個兒子，
王位原本輪不到他。

我也想要。

七年，諸侯會桓公於甄，而桓公於是始
霸焉。
——《史記‧齊太公世家》

但他的大哥昏庸無能，
繼位後把齊國管理得一塌糊塗。

為了避免惹上麻煩，
公子小白跟著鮑叔牙逃到莒（ㄐㄩˇ）國。

初，襄公之醉殺魯桓公，通其夫人，殺
誅數不當，淫於婦人，數欺大臣，群弟
恐禍及，故次弟糾奔魯。其母魯女也。
管仲、召忽傅之。次弟小白奔莒，鮑叔
傅之。

——《史記·齊太公世家》

他的兄弟公子糾也跑路了，
跟著管仲逃往魯國。

公子，你走反了！

很快，
齊國發生政變，
國君接連被害。
小白和糾看機會來了，
急忙啟程回國。

機會

快訊 NEW
齊國政變

來了

及雍林人殺無知，議立君，高、國先陰
召小白於莒。
—— 《史記·齊太公世家》

魯國一邊護送公子糾，
一邊派管仲帶軍隊去阻攔小白。

看到小白出現，
管仲立刻一箭射向他。

魯聞無知死，亦發兵送公子糾，而使管
仲別將兵遮莒道，射中小白帶鉤。
——《史記‧齊太公世家》

看到小白中箭倒下，
管仲趕緊報告糾。
他們以為沒有競爭者，
就放慢了腳程。

沒想到，
小白只是被射中了衣帶鉤。
他急中生智，
假裝身亡騙過了管仲。

小白詳死，管仲使人馳報魯。魯送糾者行益遲，六日至齊，則小白已入，高傒立之，是為桓公。
　　　　　　　　　——《史記·齊太公世家》

隨後，
小白藏在車廂中，
飛速前進。

最終搶先進入齊國，
繼位為齊桓公。

桓公之中鉤，詳死以誤管仲，已而載溫
車中馳行，亦有高、國內應，故得先入
立，發兵距魯。
　　　　　　　──《史記·齊太公世家》

魯國見糾沒能稱王，
怒而向齊國宣戰，
結果一敗塗地。

當初走快兩步
就好了……

雖然打了勝仗，
但齊桓公依然不解氣，
非要找管仲報一箭之仇。

可惡！竟然弄
壞了我心愛的
衣帶鉤。

桓公之立，發兵攻魯，心欲殺管仲。
——《史記·齊太公世家》

輔佐他的鮑叔牙很發愁，
因為他一直十分欣賞管仲的才能。

拿什麼拯救你，
我的兄弟！

於是鮑叔牙頂著巨大的壓力，
向齊桓公舉薦管仲。

如果你想成就霸業，
非管仲不可。

人才引進

鮑叔牙曰：「臣幸得從君，君竟以立。
君之尊，臣無以增君。君將治齊，即高
傒與叔牙足也。君且欲霸王，非管夷吾
不可。夷吾所居國國重，不可失也。」
於是桓公從之。

　　　　　　　　——《史記・齊太公世家》

想到霸業，齊桓公心動了，
同意不再追究管仲的過錯，
並讓他輔佐自己。

好好好，
就他了。

為了不讓魯國起疑心，
齊桓公威脅魯國國君，
如果不處死糾，
並將管仲押回齊國，就繼續打。

您說的都對。

安排好！

齊遺魯書曰：「子糾兄弟，弗忍誅，請
魯自殺之。召忽、管仲讎也，請得而甘
心醢之。不然，將圍魯。」
　　　　　　　　──《史記‧齊太公世家》

魯國國君非常害怕，
立刻處死了糾。

管仲也被囚禁，
押往齊國。

魯人患之，遂殺子糾於笙瀆。召忽自
殺，管仲請囚。
　　　　　　　——《史記·齊太公世家》

齊桓公果然寬恕了他，
不僅賞賜了一堆禮物，
還讓他主持政務。

在管仲、鮑叔牙等眾多賢臣的輔佐下，
齊國政治清明、人民富足，
逐漸強盛起來。
齊桓公也成為中原第一位霸主。

桓公既得管仲，與鮑叔、隰朋、高傒修
齊國政，連五家之兵，設輕重魚鹽之
利，以贍貧窮，祿賢能，齊人皆說。
——《史記·齊太公世家》

詞語大富翁

【任人唯賢】

齊桓公沒有向管仲報一箭之仇，而是賞識他的才幹，任命他輔佐自己。

【老馬識途】

齊桓公曾在行軍途中迷路，管仲讓他用幾匹老馬帶路，果然走了出去。

【風馬牛不相及】

齊桓公攻打楚國，楚國認為其師出無名。因為兩國相距很遠，毫不相干，就像馬和牛，即使走失也不會進入對方境內。

不講武德

宋國是周朝封給商朝後裔的諸侯國，保留了許多禮樂制度，也成為華夏聖賢文化的源頭，儒家、墨家、道家和名家四大思想都發源於此。▼

厚積薄發，成就大業

21

成功不是一蹴（ㄘㄨˋ）可幾
的：晉文公流離半生，六十
多歲才回國稱王；楚莊王韜
光養晦，三年後一鳴驚人。

晉文公

前半生『流亡王子』，後半生大國霸主

姬重耳

出生地

晉國曲沃
（今山西臨汾）

生 年

西元前 697 年

卒 年

西元前 628 年

身 份

晉國國君

技 能

以退為進

圖霸之路

　　晉文公原名重耳，曾被迫流亡國外十九年，在秦穆公的支持下才回國即位。他在一眾賢臣的輔佐下，勤修政務，大大提升了晉國的國力。同時，他因為護送被趕出去的周天子回京，受到賞賜，在諸侯間威望大增。晉文公還聯合秦、齊伐曹攻衛，救宋伐鄭，收服了不少小弟。

　　後來楚國也想爭霸，於是出兵攻晉。當初晉文公得到楚王的厚待，曾許下「如果有天兩國兵戎相向，晉國會退避三舍」的承諾，於是命令晉軍後退。晉軍一口氣退了九十里，才停下來擺好陣勢。楚軍窮追不捨，結果陷入包圍圈，被一舉打敗。就這樣，晉文公確立了霸主地位。

 成就一方霸業從吃土開始

　　重耳在各個諸侯國流亡時，生活不安定，經常吃了上頓沒下頓，餓得前胸貼後背。有次他累得實在走不動，跟當地人討點吃的，村民便裝了一碗土給他。重耳大發脾氣，一旁輔佐的趙衰趕緊勸說他：「這是好兆頭啊！意味著將來老天爺會給你一塊國土！」重耳這才恍然大悟，鄭重收下。

楚莊王

用精湛演技示弱的野心家

一鳴驚人

芈（ㄇㄧˇ）旅

出生地

楚國郢（ㄧㄥˇ）都
（今湖北荊州）

生 年

不詳

卒 年

西元前 591 年

身 份

楚國國君

技 能

一鳴驚人

楚莊王即位時年紀輕輕，面對剛經歷了叛亂、政局不穩的國內環境，他表面裝出一副不理政事、沉迷玩樂的樣子，實際是在默默觀察，掌握全局。他的臣子十分著急，用謎語詢問他：「有一隻大鳥，三年都不飛、不鳴叫，這是為什麼？」楚莊王勸解他：「三年不飛，一飛沖天。三年不鳴，一鳴驚人。」

三年後，楚莊王開始處理政務，提拔了一批人才，重視生產，發展經濟，將楚國治理得井井有條。之後楚國滅了幾個來犯的小國，劍指中原，和晉國展開了十多年的爭霸之戰，最終在邲（ㄅㄧˋ）之戰中大敗晉國，奠定了霸主的地位。

我要悄悄長大，驚豔所有人。

原來如此　想要問鼎中原不容易

楚國打了勝仗後，想要搞點小動作，就到周王都的郊外閱兵。周王派大臣去犒勞楚莊王，楚莊王便向他詢問九鼎的大小和輕重，流露出奪取天下的野心。大臣拒絕了他：「統治國家不在於寶鼎。天子有德行，再小的鼎也難以移動；天子沒有德行，再大的鼎也能輕易移走。你就不要妄想了。」楚莊王這才撤軍回國。

「流浪王子」被嫌棄的前半生

重耳是晉獻公的兒子，
年少時謙虛又好學，結交了許多賢士。

也沒有大家說
的這麼好啦。

但他父親的寵妾為了讓兒子上位，
不停陷害其他公子。

他們在您眼皮底
下搞小動作……

獻公私謂驪姬曰：「吾欲廢太子，以奚齊
代之。」驪姬泣曰：「太子之立，諸侯皆
已知之，而數將兵，百姓附之，奈何以賤
妾之故廢適立庶？君必行之，妾自殺
也。」驪姬詳譽太子，而陰令人譖惡太
子，而欲立其子。

—— 《史記・晉世家》

重耳慌忙逃到自己的封地。
晉獻公派人追殺他，
重耳爬牆逃跑，
只被斬斷了袖子。

僥倖撿回小命後，
他帶著趙衰、狐偃等追隨者
一起投奔母親的祖國狄國。

獻公二十二年，獻公使宦者履鞮趣殺重
耳。重耳踰垣，宦者遂斬其衣袪。重耳
遂奔狄。狄，其母國也。
　　　　　　　　　——《史記‧晉世家》

五年後，晉獻公病重去世，
繼位的兩位國君都被大臣弒殺，
晉國就想迎回重耳。

重耳覺得晉國危機重重，
賴在狄國不敢回去。

我不走！！

於是大臣們擁立了重耳的弟弟為晉惠公。
晉惠公忌憚在外的重耳，
派人去謀殺他。

重耳只好逃往齊國。
齊桓公很賞識他，
不僅將宗族之女齊姜嫁給他，
還送了他二十輛馬車。

至齊，齊桓公厚禮，而以宗女妻之，有
馬二十乘，重耳安之。
—— 《史記·晉世家》

有房有車有老婆，
重耳過得很安逸，
想一輩子在齊國養老。
這讓他的追隨者很是著急。

一天，
趙衰和狐偃密謀帶走重耳，
被齊姜的侍女聽到。

齊姜知道後，
不僅沒有阻止，
反而勸重耳趕快離開。

重耳不以為然，
不論齊姜怎麼勸說都沒有用。

其主乃殺侍者，勸重耳趣行。重耳曰：
「人生安樂，孰知其他！必死於此，不
能去。」齊女曰：「子一國公子，窮而
來此，數士者以子為命。子不疾反國，
報勞臣，而懷女德，竊為子羞之。且不
求，何時得功？」
—— 《史記・晉世家》

齊姜無可奈何，
只好將重耳灌醉。

趙衰和狐偃趁機將重耳搬上馬車，
連夜離開齊國。

> 乃與趙衰等謀，醉重耳，載以行。
> ——《史記·晉世家》

重耳醒來後氣得跳腳，
甚至想殺了狐偃。

狐偃毫不畏懼，
好言相勸，
重耳只能接受現實。

你已經長大了……

行遠而覺，重耳大怒，引戈欲殺咎犯。咎
犯曰：「殺臣成子，偃之願也。」重耳
曰：「事不成，我食舅氏之肉。」咎犯
曰：「事不成，犯肉腥臊，何足食！」乃
止，遂行。

—— 《史記．晉世家》

重耳繼續流亡，
一路又經過許多國家，
大家都對他愛理不理。

直到抵達楚國，
楚王用對待諸侯的禮節招待他。

重耳去之楚，楚成王以適諸侯禮待之，
重耳謝不敢當。
　　　　　　　　　——《史記‧晉世家》

重耳慌忙辭謝。
在趙衰的勸說下，
他才終於接受。

他很感激楚王，
當眾許下「退避三舍」的承諾。

我拿你當朋友，你卻要和我打仗。

成王曰：「子即反國，何以報寡人？」
重耳曰：「羽毛齒角玉帛，君王所餘，
未知所以報。」王曰：「雖然，何以報
不穀？」重耳曰：「即不得已，與君王
以兵車會平原廣澤，請避王三舍。」
——《史記·晉世家》

另一邊，
秦穆公也想通過幫助重耳，
改善秦晉兩國的關係。

重耳思念家鄉，
接受了秦穆公的安排，
來到和晉國交界的秦國。

過了那裡就
是家了……

居楚數月，而晉太子圉亡秦，秦怨之；
聞重耳在楚，乃召之。成王曰：「楚
遠，更數國乃至晉。秦晉接境，秦君
賢，子其勉行！」厚送重耳。

——《史記·晉世家》

不久，晉惠公逝世，
晉國很多大臣盼望重耳回國，
紛紛跑來勸說他。

在外流亡了十九年，
六十二歲的重耳終於在秦國的護送下，
回到晉國，掌握政權，
史稱晉文公。

十二月，晉國大夫欒、郤等聞重耳在
秦，皆陰來勸重耳、趙衰等反國，為內
應甚眾。於是秦穆公乃發兵與重耳歸
晉。晉聞秦兵來，亦發兵拒之。然皆陰
知公子重耳入也。

——《史記·晉世家》

晉國 興於宗室旁支，敗於卿族內亂

晉國是周初的同姓諸侯國，在晉獻公時期崛起，晉文公時期稱霸，多年占據霸主之位。然而國內的卿族勢力越來越強大，最後竟被瓜分滅亡。

西元前770年
晉文侯同各諸侯合力勤王，護送周平王東遷。

西元前678年
曲沃的宗室旁支子弟奪取晉國正統地位，史稱晉武公。

西元前1033年
周成王封自己的弟弟在唐地，後來國號被改為「晉」。

公元前746年
晉昭侯將比國都還大的曲沃封給自己的叔叔，造成晉國分裂。

西元前376年
晉國領土被三家全部瓜分，正式滅亡。

西元前403年
韓、趙、魏三家被周天子封為諸侯，晉國名存實亡。

西元前453年
卿族勢力大增，韓、趙、魏三家在晉陽之戰中壯大，三家分晉局面基本形成。

西元前575年
晉國在鄢陵之戰和楚國爭奪霸權，霸業達到頂峰。

西元前636年
重耳流亡多年，回國即位為晉文公，開始稱霸之路。

約西元前656年
晉獻公的寵妾驪姬設計陷害太子，引起「驪姬之亂」，重耳等公子逃難。

吳越英雄

冤冤相報何時了

3/

春秋時期，互為鄰國的吳國
和越國將對方視為眼中釘，
互相征伐二十餘年，各有勝
負。最後越國吞併吳國，風
光一時。

闔閭

靠一條魚上位，卻因腳傷丟掉性命

破楚興吳

闔閭

出生地
吳國姑蘇
（今江蘇蘇州）

生年
約西元前537年

卒年
西元前496年

身份
吳國國君

技能

刺客助力

吳王闔閭原為公子光，他的父親是吳王諸樊。諸樊的弟弟們在他死後，按照約定相繼即位。輪到四弟時，他無心爭奪王位，於是由三弟的兒子繼位為吳王僚。公子光對此十分不滿，認為自己的父親最先繼位，叔父們輪完後就應該輪到自己。於是他找來刺客謀殺了吳王僚，自立為王。

即位後，闔閭廣納人才，在伍子胥、孫武等人的輔佐下進行改革，富國強兵。為了稱霸中原，吳國從附近的楚國開始下手，攻破楚國都城，迫使楚王出逃，從而稱霸南方。吳國又與越國多次進行爭霸戰爭，互有輸贏。然而，闔閭在戰爭中被射傷腳趾頭，並因此丟了性命。

歷史名場面：吃烤全魚嗎？藏著劍那種

吳王闔閭還是公子光時，心懷不軌，計畫行刺吳王僚。他請吳王僚到府中參加宴會，而對方也有所防備，帶來的侍衛從大門外的馬路一直排到座位旁。公子光為了避嫌，假裝腿疼沒有現身，派刺客專諸端著藏有匕首的烤全魚去上菜。吳王僚一時大意，被靠近的專諸一刀斃命。公子光於是成功上位。

夫差

為父報仇攻越，卻因心軟養虎為患

夫差

出生地

吳國姑蘇
（今江蘇蘇州）

生年

不詳

卒年

西元前 473 年

身份

吳國國君

技能

自我膨脹

風水輪流轉

　　吳王闔閭臨死前傳位給太子夫差，讓他為自己報仇。於是夫差日夜操練士兵，兩年後大舉伐越，打得越王勾踐身邊僅剩五千殘兵，只能派人來求和。夫差不顧伍子胥的勸阻，答應讓越國成為附屬國，兩國停戰。

　　解決了越國這個心頭大患後，夫差膨脹自大，繼續四處發動戰爭，企圖稱霸中原。另一邊的越國蟄伏多年，漸漸恢復戰鬥力，趁著夫差帶領大軍前往黃池與諸侯會盟、吳國國內空虛時，大舉進攻，一直攻打到王都，還殺了太子。夫差既當不上盟主，回國後又因軍隊疲乏而無力討伐越國，只能講和。幾年後，越國不想給吳國翻身的機會，再次圍困吳國，夫差自殺身亡，吳國就此滅亡。

大開眼界　古代頭號美女原來還是「間諜」

　　西施是古代四大美人之首，有「沉魚」之貌。據說越國戰敗後，為了取悅和麻痺夫差，進貢了一批珠寶和美女，其中就包括西施。夫差愉快地接受了，還特別寵愛西施，漸漸荒於國政，拋棄賢臣而重用奸佞，最後導致國家滅亡。

句踐

忍常人所不能忍，終成一代霸主

勾踐

出生地

越國會稽
（今浙江紹興）

生年

不詳

卒年

西元前 464 年

身份

越國國君

技能

隱忍之心

臥薪嘗膽

　　吳、越兩國是難以並立的宿敵。吳王闔閭聽聞越王逝世，立馬舉兵進攻。剛繼位的勾踐披掛上陣，派遣一支敢死隊衝到吳軍跟前，越軍大呼著口號自刎身亡。吳軍被這莫名其妙的陣仗嚇得目瞪口呆。越軍趁機偷襲，大敗吳軍，闔閭也重傷身亡。後來勾踐聽聞夫差意圖報仇，打算先發制人，派兵攻打吳國，結果遭到反擊，一敗塗地。

　　勾踐聽從范蠡（ㄌㄧˇ）的建議，通過賄賂吳國大臣，成功討得夫差歡心，讓越國成為吳國的附屬國。勾踐臥薪嘗膽，重用范蠡、文種等大臣，發展生產，整頓軍備，恢復國力。而吳國對近在身邊的危險毫不知情，四處征戰消耗國力，最後被勾踐徹底滅了國。

你也嘗嘗我嘗過的苦頭。

你知道嗎？　只能共患難，不可同富貴

　　在范蠡和文種的竭力輔佐下，勾踐成功復仇。范蠡瀟灑地轉身離開，並勸文種也趕緊走。於是文種稱病不再上朝，結果還是被人誹謗意圖作亂。忘恩負義的勾踐賜給他一把劍，說：「你教給我攻伐吳國的七條計策，我只用三條就成功了。你替我到先王那兒去，讓他用剩下的四條打敗吳國的先王吧！」文種於是自殺身亡。

剪不斷，理還亂的吳越之爭

春秋時期，
吳國和越國互相看不順眼，
經常爆發戰爭。

一開始吳國占了上風，
攻占了越國一些地盤。

如果史記這麼帥❷　霸王王侯

然後吳國又將戰火燒到楚國。
打得正激烈時，
吳國國內遭到越國的偷襲。

吳王闔閭趕緊回國營救，
卻顧此失彼，
被楚國的援軍打了個措手不及。

十年春，越聞吳王之在郢，國空，乃伐
吳。吳使別兵擊越。楚告急秦，秦遣兵
救楚擊吳，吳師敗。
　　　　　　　——《史記·吳太伯世家》

吳國和越國的梁子就這樣越結越深。
當闔閭聽說越王逝世，
立刻發兵攻打越國。

剛繼承越國王位的勾踐大膽用兵，
派一支敢死隊高喊著衝向吳軍，
並在陣前殉國。

允常卒，子勾踐立，是為越王。元年，
吳王闔閭聞允常死，乃興師伐越。越王
勾踐使死士挑戰，三行，至吳陳，呼而
自剄。

—— 《史記·越王勾踐世家》

吳軍搞不清狀況，放鬆了警惕。
越軍趁機大舉進攻，
打得吳軍連連敗退，
還射傷了闔閭。

闔閭傷得很重，
臨死前立太子夫差為王，
並囑咐他一定要報仇。

你……壓到
我……腿了……

吳師觀之，越因伐吳，敗之姑蘇，傷吳
王闔閭指，軍卻七里。吳王病傷而死。
闔閭使立太子夫差，謂曰：「爾而忘勾
踐殺汝父乎？」對曰：「不敢！」
——《史記‧吳太伯世家》

懷著國仇家恨，
夫差拚命練兵。
終於在兩年後痛擊越國，
大獲全勝。

越王勾踐派人求和，
表示願意做吳國的附屬國。

都聽您的。

吳王聞之，悉發精兵擊越，敗之夫椒。
越王乃以餘兵五千人保棲於會稽。吳王
追而圍之。
——《史記·越王勾踐世家》

如果史記這麼帥❷ 霸主王侯

勾踐帶領越國群臣朝拜吳王，
獻上豐厚的貢禮。
夫差於是不再為難越國。

勾踐始終不忘喪國之恥。
他臥薪嘗膽，
重用賢臣、發展生產、操練軍隊，
逐漸恢復越國國力。

大王，您要的
苦膽來了。

> 吳既赦越，越王勾踐反國，乃苦身焦思，
> 置膽於坐，坐臥即仰膽，飲食亦嘗膽也。
> 曰：「女忘會稽之恥邪？」身自耕作，夫
> 人自織，食不重肉，衣不重采，折節下賢
> 人，厚遇賓客，振貧弔死，與百姓同其
> 勞。
> ──《史記‧越王勾踐世家》

勾踐又向吳國進獻美女、財物。
夫差沉迷享樂，
越來越昏庸。

當時吳國已經打敗了楚、齊等大國，
夫差想要稱霸中原，
就召集諸侯到黃池開會。

十四年春，吳王北會諸侯於黃池，欲霸
中國以全周室。
——《史記·吳太伯世家》

趁夫差不在，
勾踐捲土重來，
一舉攻入吳國國都，
歷史再次重演。

這一幕怎麼
這麼熟悉？！

夫差趕緊帶兵回國救援。
但吳軍一路奔波勞累，
根本打不過越軍，
只好求饒。

這次聽
您的。

乃發習流二千人，教士四萬人，君子六
千人，諸禦千人，伐吳。吳師敗，遂殺
吳太子。
　　　　——《史記・越王勾踐世家》

勾踐暫時放過他。
後來又圍攻了吳國國都三年，
將夫差困在姑蘇山上。

夫差羞愧自盡，
吳國滅亡。
越國就此稱霸。

吳士民罷弊，輕銳盡死於齊、晉。而越大破吳，因而留圍之三年，吳師敗，越遂復棲吳王於姑蘇之山。
　　　　　　　——《史記·越王勾踐世家》

【如火如荼】

吳國攻打晉國時軍容盛大，白色
方陣像開滿白花的茅草地，紅色
方陣像熊熊燃燒的烈火。現形容
旺盛熱烈的場景。

【臥薪嘗膽】

勾踐戰敗後，每晚都睡在稻草堆
上，起床後就要嘗嘗苦膽，提醒
自己不忘報仇。形容一個人忍辱
負重，發憤圖強。

【鳥盡弓藏】

比喻事情成功之後，曾經出過力
的人都被一腳踢開。

 嗚 嗚

春秋五霸都是誰?

周天子都要聽我的!

春秋五霸是指春秋時期的五個諸侯之長,在那個周天子權威不再的時期,霸主會諸侯、朝天子,實際上是替周天子行使王道。

第一位霸主

齊桓公

在位時間:西元前685 – 前643年

打出「尊王攘夷」的旗號,一邊敲打其他諸侯國要尊重周天子,一邊團結他們抗擊夷狄。最終得到周天子的承認和大家的擁護,全票通過當選霸主。

有爭議的霸主

宋襄公

在位時間:西元前650 – 前637年

想追隨齊桓公的步伐,在齊國發生內亂時召集四國軍隊前去救援,擁立新君,因此聲名鵲起。但由於實力較差,吃了不少敗仗,所以名不符實。

老當益壯的霸主

晉文公

在位時間：西元前636 − 前628年

年過花甲才即位卻氣勢如虹，不僅幫周天子平定叛亂，還收服各諸侯，打擊企圖入主中原的楚國，最後在踐土之盟登上霸主寶座。

西方的霸主

秦穆公

在位時間：西元前659 − 前621年

曾試圖爭霸中原。但由於敵不過晉國，便轉頭向西發展，吞併眾多小國，開闢千里土地，因而稱霸西戎。

搞事的霸主

楚莊王

在位時間：西元前613 − 前591年

帶領楚國翻身，對外攻城掠地，最後打敗老牌霸主晉國，甚至向周天子挑釁，表露野心，因此制霸中原。

趙氏家族

名門背後的辛酸

4 /

趙氏通過輔佐重耳，獲得了
封地和權力，在晉國的勢力
日益壯大，權傾一時，但也
埋下了隱患。

趙盾

集軍政大權於一身的晉國忠臣

趙盾

出生地

狄國

生年

西元前 655 年

卒年

西元前 601 年

身份

晉國卿大夫

技能

權傾朝野

大國重臣

趙盾的父親趙衰曾陪晉文公流亡，回國後又輔佐他稱霸，被任命為執政大夫，死後由趙盾繼任。晉襄公去世時，太子還很小，趙盾便想接晉襄公的弟弟來繼任。太子的母親不肯，天天到他跟前啼哭、叩頭，趙盾被煩得不行，只好讓太子即位，成為晉靈公。

趙盾攬過了更多政事，靈公卻越來越驕縱，不聽勸諫。有次靈公因為熊掌沒有煮熟而殺了廚師，被趙盾瞧見屍體，便想要殺害他。趙盾提前知道消息逃走，但還沒逃出國境，他的族人就殺了靈公，改立襄公的另一個弟弟。於是趙盾又回來主持國政。因為這事，趙盾被人諷刺「身為正卿，逃亡沒有離開國境，回來也不捉拿逆賊」，史書也用「趙盾殺了他的國君」來記載這件事。

靠一身正氣嚇退刺客

晉靈公很討厭趙盾，曾派刺客去暗殺他。刺客凌晨來到趙盾家，卻發現趙盾已經起床洗漱，穿好朝服，端坐著閉目養神，等著上早朝。刺客十分感動，為刺殺這樣一位為國為民的忠臣而感到良心不安，但不殺又違背了雇主的命令。兩相為難後，他撞樹自殺了。

趙武

從落魄孤兒到復興家族的正卿

趙武

出生地

晉國曲沃
（今山西臨汾）

生 年

西元前 597 年

卒 年

西元前 541 年

身 份

晉國卿大夫

技 能

趙氏孤兒

　　趙武是趙盾的孫子，母親是晉景公的姑姑。趙盾生前曾經做過一個奇怪的夢，夢見祖先抱著自己痛哭流涕，之後又大笑，拍著手唱起歌。趙盾十分不解，便去占卜，得知到自己孫子那一代，趙氏家族會衰落。

　　到了趙武這一代，他還沒出生，家族就因為權傾朝野而招來嫉恨，被想要奪權的屠岸賈（ㄍㄨˇ）滅了。趙武父親的朋友程嬰和門客公孫杵臼想盡辦法，拚命將他救出來，躲進深山撫養他。趙武長大後，晉景公暗中得知趙氏孤兒還在世，便將他召回。趙武立刻抓住機會復仇，攻打屠岸賈並滅了他的家族，拿回原本屬於趙氏的封地，恢復爵位，延續了家族的權勢。

大開眼界　反客為主的趙氏

　　趙氏家族發展到後來，權勢如日中天，韓、魏、智三家權臣也不甘落後，晉國國君反而被架空了。其中智氏特別蠻橫，甚至跟其他家族索要土地，還聯合韓、魏一起進攻趙氏。趙氏堅守三年，暗中聯合韓、魏兩家，滅了智氏。趙、魏、韓三家越來越強，野心也越來越大，最終將晉國土地瓜分光了。

九死一生的趙氏孤兒

趙衰輔佐晉文公成為一代霸主，
他的家族也發展成名門望族。

但有天他的兒子趙盾做夢，
夢見自己的兒孫輩遭受不幸。

初，趙盾在時，夢見叔帶持要而哭，甚悲；已而笑，拊手且歌。盾卜之，兆絕而後好。

——《史記·趙世家》

果然到了後來，
深受晉景公寵信的大臣屠岸賈，
想滅了趙氏，一家獨大。

另一位大臣韓厥
知道屠岸賈的陰謀後，
立刻向趙氏當家人趙朔通風報信。

屠岸賈者，始有寵於靈公，及至於景公
而賈為司寇，將作難，乃治靈公之賊以
致趙盾，遍告諸將曰：「盾雖不知，猶
為賊首。以臣弒君，子孫在朝，何以懲
罪？請誅之。」
　　　　　　　　——《史記·趙世家》

但趙朔也無法對抗屠岸賈，
只能聽天由命。

不久，
屠岸賈擅自帶領一眾將士，
攻打趙氏家族。

賈不請而擅與諸將攻趙氏於下宮，殺趙
朔、趙同、趙括、趙嬰齊，皆滅其族。
—— 《史記・趙世家》

趙朔的妻子是晉景公的姑姑，
懷有身孕，
躲到宮裡僥倖逃過一劫。

她生下一個男嬰，
趙朔的朋友程嬰和門客公孫杵臼決定
幫忙養育趙氏孤兒。

趙朔妻成公姊，有遺腹，走公宮匿……
居無何，而朔婦免身，生男。
——《史記·趙世家》

而屠岸賈為了斬草除根，
跑到宮中四處搜查。

程嬰他們趕緊把嬰兒藏起來，
祈禱他不要發出哭鬧聲。
嬰兒果然安靜下來，
沒被發現。

屠岸賈聞之，索於宮中。夫人置兒絝
中，祝曰：「趙宗滅乎，若號；即不
滅，若無聲。」及索，兒竟無聲。
—— 《史記・趙世家》

程嬰與公孫杵臼商量，
想出了一個保證孩子安全的對策。

他們另外找了個嬰兒，
由公孫杵臼帶著藏進深山裡。

已脫，程嬰謂公孫杵臼曰：「今一索不
得，後必且復索之，奈何？」公孫杵臼
曰：「立孤與死孰難？」程嬰曰：「死
易，立孤難耳。」公孫杵臼曰：「趙氏
先君遇子厚，子強為其難者，吾為其易
者，請先死。」
　　　　　　　　──《史記·趙世家》

然後程嬰故意放出消息，
將大軍引到公孫杵臼的藏身之處。

公孫杵臼和嬰兒都被抓住。
臨死前，
公孫杵臼假裝對程嬰破口大罵。

叛徒！！

杵臼謬曰：「小人哉程嬰！昔下宮之難
不能死，與我謀匿趙氏孤兒，今又賣
我。縱不能立，而忍賣之！」抱兒呼
曰：「天乎天乎！趙氏孤兒何罪！請活
之，獨殺杵臼可也。」諸將不許，遂殺
杵臼與孤兒。

——《史記·趙世家》

屠岸賈非常高興，
以為自己除掉了趙氏孤兒。

至於真正的趙氏孤兒，
他被程嬰帶到深山隱居，
取名為「趙武」。

諸將以為趙氏孤兒良已死，皆喜。然趙
氏真孤乃反在，程嬰卒與俱匿山中。
——《史記·趙世家》

十五年後，
晉景公病重，
請人占卜。

韓厥告訴晉景公，
這可能與趙氏被滅門有關。

居十五年，晉景公疾，卜之，大業之後
不遂者為祟。

—— 《史記 · 趙世家》

並且，
趙氏還有一個後人活著。

接他回來！
我就有救了！

在韓厥的建議下，
晉景公悄悄召趙武進宮。

景公問：「趙尚有後子孫乎？」韓厥具
以實告。於是景公乃與韓厥謀立趙孤
兒，召而匿之宮中。
　　　　　　　　——《史記·趙世家》

趁著大臣們進宮問安，
晉景公將趙武請出來。

看到晉景公和韓厥都維護趙武，
大臣們紛紛指認屠岸賈。

諸將入問疾，景公因韓厥之眾以脅諸將
而見趙孤。趙孤名曰武。諸將不得已，
乃曰：「昔下宮之難，屠岸賈為之，矯
以君命，並命群臣。非然，孰敢作難！
微君之疾，群臣固且請立趙後。今君有
命，群臣之願也。」
　　　　　　　　　　——《史記·趙世家》

眾叛親離的屠岸賈遭到滅門。

趙武報仇雪恨後，
復興了趙氏家族。

於是召趙武、程嬰遍拜諸將，遂反與程
嬰、趙武攻屠岸賈，滅其族。
　　　　　　　　——《史記·趙世家》

你先用這個練三年吧！

【造父學御】

趙氏祖先造父早年學駕馬車，三年了老師都只是讓他學快步走路，等他熟練後才能駕馭馬車。

【桑下餓人】

趙盾曾經給一個餓倒在桑樹下的人送食物，後來晉靈公派人暗殺趙盾時，他在這個人的掩護下得以逃走。

【冬日可愛，夏日可畏】

晉國的人形容趙衰像冬天的太陽，讓人感到溫暖，而趙盾像夏天酷熱的太陽，讓人感到可怕。

取名別任性！

東漢末年，呂布手下有個名將叫郝萌。▼

我萌嗎？

周桓公

我叫姬黑肩。

魯成公

我叫姬黑肱。

春秋時期的鄭莊公名叫寤生，意思是母親生他的時候難產。▼

媽媽對不起。

晉成公

誰要看你這個！

我叫姬黑臀。

儒道聖賢

經典永流傳

5/

春秋時期湧現出許多偉大的
思想家，其中有兩位舉足輕
重的人物——老子和孔子，
承載著他們思想的典籍《道
德經》和《論語》，也成為
了傳世經典。

主張無為不爭的智慧老者

老子

李耳

出生地
陳國苦縣
（今河南鹿邑）

生年
不詳

卒年
不詳

身份
道家創始人

技能

上善若水

道家始祖

　　據說老子出生時耳朵特別大，所以被取名為李耳。老子學識豐富，曾經在周朝負責管理藏書室。他鑽研學問，以隱匿聲跡、不求聞達為宗旨。孔子十分敬仰他，特意前去拜訪，向他請教關於「禮」的學問，還在弟子面前用「龍」來評價他。

　　後來，老子見周朝衰微，天下紛亂不斷，想要棄官歸隱，就騎著青牛離開了。他經過函谷關時，守關的長官想要留住他，就要求他寫書，不寫就不讓他過關。於是老子寫下五千多字的《道德經》，然後就離開了，再也沒有人知道他的下落。有人說他活了一百六十多歲，還有人說他活了兩百多歲，總之十分長壽。

 總是拿第一是什麼感覺？

　　兩千多年前的老子對中國甚至對世界都影響深遠。他是道家學派的創始人，道教也尊他為始祖，稱其為「太上老君」。到了唐朝，他被皇帝追認為李姓始祖。美國《紐約時報》也曾把老子列為世界古今十大作家之首。老子的傳世作品《道德經》，已經成為全球出版發行量最大的著作之一。

處處碰壁仍與時代抗爭的聖人

孔子

孔丘

出生地

魯國陬（ㄗㄡ）邑
（今山東曲阜）

生年

西元前 551 年

卒年

西元前 479 年

身份

儒家創始人

技能

誨人不倦

學而優則仕

　　孔子小時候經常模仿大人祭祀，人們都誇他年少好禮，連貴族都專門跑來向他請教。長大後，他想在朝堂上大展拳腳，但魯國朝政被權臣把持，他一直沒得到重用。失望的孔子踏上了周遊列國的旅程，一路奔波，不斷碰釘子。他曾被誤以為是歹人而被圍困了整整五天；在大樹下和弟子演習禮儀卻遇到暗算；還有人將他們圍困在野外，大家餓得站都站不起來。但孔子仍然不停地給大家講學、朗誦詩歌、唱歌彈琴，在困境中堅守著自己的節操。

　　孔子輾轉了十四年後回到家鄉，六十多歲的他不再「折騰」，專心研究和編修了「六經」：《詩》《書》《禮》《樂》《易》《春秋》，並傳授給弟子。

 孔聖人也有暴脾氣

　　孔子身高超過一米九，身材魁梧，精通武藝，還有一身「暴脾氣」。當初季孫氏越權，用超過規定人數的樂隊享樂，孔子就氣得大吼：「是可忍也，孰不可忍也！」他去看望一個碌碌無為的老相識，見他又開雙腿，坐沒坐相，就拿著手杖敲打他，並怒罵：「你老而不死是為賊！」

短暫又輝煌的仕途

學識淵博的孔子一直都想做官，
輔佐君王。

我有一個夢想。

直到五十多歲，
他才被魯定公任命為中都宰。

中都宰 工作證

孔子循道彌久，溫溫無所試，莫能己用，曰：「蓋周文武起豐鎬而王，今費雖小，儻庶幾乎！」
—— 《史記·孔子世家》

孔子的政績十分出色，
各地紛紛效仿他的治理方法。

之後，
孔子被提拔為大司寇，
負責司法事務。
魯國日漸強大。

> 其後定公以孔子為中都宰，一年，四方
> 皆則之。由中都宰為司空，由司空為大
> 司寇。
> ──《史記·孔子世家》

齊景公擔心魯國威脅到自己，
便約魯定公會面。

魯定公立刻上車赴約，
卻被孔子攔下來，
叮囑他帶齊人手。

以下是注意
事項。

魯定公且以乘車好往。孔子攝相事，
曰：「臣聞有文事者必有武備，有武事
者必有文備。古者諸侯出疆，必具官以
從。請具左右司馬。」定公曰：「諾。」
——《史記‧孔子世家》

做好了充分的準備，
魯國一行人來到夾谷的盟壇。

見面後，
魯定公和齊景公互相寒暄。

哎喲，不錯哦！

哪裡哪裡！

會齊侯夾谷，為壇位，土階三等，以會
遇之禮相見，揖讓而登。
　　　　　　──《史記·孔子世家》

齊國官員準備了節目，
一支樂隊亂哄哄地上場了。

看到這些不倫不類的人，
孔子大怒，
衝上臺阻止。

獻酬之禮畢，齊有司趨而進曰：「請奏
四方之樂。」景公曰：「諾。」於是旍
旄羽袚矛戟劍撥鼓噪而至。孔子趨而
進，歷階而登，不盡一等，舉袂而言
曰：「吾兩君為好會，夷狄之樂何為於
此！請命有司！」
　　　　　　　　　──《史記・孔子世家》

齊景公臉上有些掛不住，

只好命令樂隊退下。

下個節目。

齊國官員又安排雜技藝人和侏儒上臺。

有司卻之，不去，則左右視晏子與景
公。景公心怍，麾而去之。有頃，齊有
司趨而進曰：「請奏宮中之樂。」景公
曰：「諾。」優倡侏儒為戲而前。
　　　　　　　　——《史記・孔子世家》

孔子再次大吼著阻止。

哪來的人竟敢胡鬧！

齊國官員只好處罰了這些藝人。
接連鬧出洋相，
齊景公感到羞愧。

糟糕，又翻車了！

孔子趨而進，歷階而登，不盡一等，
曰：「匹夫而營惑諸侯者罪當誅。請命
有司！」有司加法焉，手足異處。景公
懼而動，知義不若，歸而大恐。
　　　　　　——《史記・孔子世家》

於是他歸還了之前侵占的魯國土地，
以表歉意。

孔子參與國政期間，
魯國國泰民安。
商人不敢哄抬物價。

有司進對曰：「君子有過則謝以質，小
人有過則謝以文。君若悼之，則謝以
質。」於是齊侯乃歸所侵魯之鄆、汶
陽、龜陰之田以謝過。
　　　　　　　　——《史記·孔子世家》

人們路不拾遺。

拍個照發失物招領。

外來的遊客都受到熱情款待。

熱烈歡迎

與聞國政三月，粥羔豚者弗飾賈；男女
行者別于途；途不拾遺；四方之客至乎
邑者不求有司，皆予之以歸。
　　　　　　　　——《史記·孔子世家》

這樣一來，
齊景公更擔心魯國稱霸。

不能坐以待斃了！

為了麻痺魯定公，
齊國送給魯國許多禮物。

請簽收。

於是選齊國中女子好者八十人，皆衣文
衣而舞康樂，文馬三十駟，遺魯君。
——《史記·孔子世家》

魯國君臣一連三天都沉迷玩樂，
完全忘了政事。

於是學生勸孔子離開，
但他還不想放棄自己的國家。

陳女樂文馬於魯城南高門外。季桓子微服往觀再三，將受，乃語魯君為周道遊，往觀終日，怠於政事。子路曰：「夫子可以行矣。」孔子曰：「魯今且郊，如致膰乎大夫，則吾猶可以止。」
　　　　　　　　——《史記・孔子世家》

然而現實給了孔子最後一擊。
在祭祀大典後，
魯定公又忘記按例將烤肉分給他。

這是啥情況?!

看到君王的墮落與疏離，
只做了三年官的孔子，
失望地離開了魯國。

世界這麼大，
我想去看看。

桓子卒受齊女樂，三日不聽政；郊，又
不致膰俎於大夫。孔子遂行，宿乎屯。
——《史記‧孔子世家》

三千弟子裡 孔子**最偏心**誰？

據記載，跟著孔子學習的弟子大概有三千人，能精通六藝的有七十二人，受孔子稱讚的有十位，合稱為「孔門十哲」。

孔門光榮榜

禮記 ◀ 德行 ▶

冉耕
字伯牛。
端莊正派，德行優秀。
他身患重病時孔子親自
去探望，深為嘆惜。

顏回
字子淵。
孔子最愛的學生，但很
早就去世了，孔子十分
傷心。

冉雍
字仲弓。
孔子認為他德行很高，
可以做個卿大夫一樣的
大官。

閔損
字子騫。
以孝聞名，二十四孝子
之一。

 **◀ 言 語 ▶**

宰 予

字子我。
口齒伶俐，能言善辯，
曾跟著孔子周遊列國。

端木賜

字子貢。
善於雄辯，有政治頭
腦，能理財經商，被
尊為儒商始祖。

 ◀ 政 事 ▶

冉 求

字子有。
和冉耕、冉雍是兄弟，
世人稱為「一門三賢」。

仲 由

字子路。
性情粗暴直爽，崇尚武
力，曾經欺凌過孔子，
後被他感化，拜他為師。

 **◀ 文 學 ▶**

言 偃

字子遊。
擅長文學，做縣令時使
用禮樂教化百姓，孔子
對他十分讚賞。

卜 商

字子夏。
以文學著稱，提出「仕
而優則學，學而優則
仕。」

農民起義

振臂一呼天下應

61

秦朝刑法嚴酷，賦稅繁重，
百姓不堪重負。陳勝和吳廣
揭竿而起，各地紛紛響應，
掀起中國歷史上第一次大規
模的農民起義。

胸有鴻鵠大志的草莽英雄

陳勝

陳勝

出生地
陽城

生年
不詳

卒年
西元前 208 年

身份
秦末起義軍領袖

技能

揭竿而起

天下首義

　　秦朝末年，陳勝等九百個貧民被朝廷徵調屯戍漁陽。他們日夜趕路，卻因大暴雨阻塞道路，沒法按時趕到。陳勝和吳廣經過商量，決定反抗秦朝暴政，帶領其他人發動了中國歷史上第一次大規模農民起義——大澤鄉起義。他們一連攻克了好幾個地方，不斷壯大隊伍。打下戰略要地陳縣後，陳勝自立為王，國號為張楚。

　　此時各地也紛紛起兵反秦，陳勝便派將領們前往各地作戰。然而吳廣西進的大軍受阻，其他將領各有異心，爭相稱王，起義軍內部分崩離析。其他起義軍也孤立陳勝的政權，於是秦軍全力反撲，進攻陳縣。經過激戰，陳勝終究未能挽回敗局，被迫且戰且退，途中被叛變的車夫偷襲，一命嗚呼。

> 錯的不是我，是這個世界。

原來如此　說好的「苟富貴，勿相忘」呢！

　　陳勝未發達前，曾經向同鄉放出「苟富貴，勿相忘」的豪言。後來他的同鄉聽說他自立為王，跑來投靠他，但一直沒人搭理。直到陳勝外出，同鄉攔住他並喊他的小名，陳勝這才帶他一起回去。這位同鄉經常抖漏陳勝以前的糗事，陳勝十分羞惱，就把他殺了，此後再也沒有敢親近陳勝的人了。

善借狐鬼造勢，卻死於部下叛變

吳廣

有勇有謀

吳廣

出生地
陽夏
（今河南太康）

生年
不詳

卒年
西元前 208 年

身份
秦末起義軍領袖

技能

裝神弄鬼

吳廣和陳勝一樣，都被朝廷徵調。他對人友善，還當上了屯長，大家都願意為他效力。他和陳勝決定發動起義後，將寫著「陳勝王」的帛書塞進魚肚，故意讓戍卒們吃魚時發現；他還躲在駐地附近的廟裡，模仿狐狸的叫聲喊著「大楚興，陳勝王」，引得大家議論紛紛。時機成熟後，吳廣激怒押送隊伍的官員，讓他當著大家的面侮辱自己，然後和陳勝反擊殺死他。一頓猛如虎的操作後，士兵們都心甘情願地跟著他們起義。

攻占陳縣後，陳勝任命吳廣為假王，繼續向西進攻。可是他們久攻不下，後方又傳來秦軍反攻的消息。吳廣的手下與他意見不合，竟假稱陳勝下了命令，殺死吳廣。最後，這支起義軍也全軍覆滅了。

大開眼界　陳勝和吳廣的輿論準備

陳勝和吳廣不僅有野心，還非常聰明。他們打出扶蘇和項燕的旗號，其中扶蘇本是秦始皇定下的繼承人，後來被竄改遺詔的奸臣迫害。利用他品行端正、寬厚仁愛的好名聲，可以贏得更多同情；而項燕是戰國時楚國名將，象徵著反秦的主力，可以利用他得到更多人的支持。

115

陳勝、吳廣的起義之路

陳勝年輕時是個農民。

他總幻想著出人頭地，
卻遭到同伴嘲笑。

他又在做白日夢了。

陳涉少時，嘗與人傭耕，輟耕之壟上，
悵恨久之，曰：「苟富貴，無相忘。」
傭者笑而應曰：「若為傭耕，何富貴
也？」陳涉太息曰：「嗟乎，燕雀安知
鴻鵠之志哉！」
　　　　　　　　——《史記·陳涉世家》

陳勝不為所動，
反而覺得這些俗人
無法理解自己的偉大志向。

愚蠢的凡人。

秦二世時，
朝廷派人押送九百個農民去漁陽防守。

二世元年七月，發閭左適戍漁陽，九百
人屯大澤鄉。
　　　　　　　　——《史記・陳涉世家》

陳勝就在其中，
並且遇到了吳廣。

你是我天邊最美的雲彩……

下一句是什麼來著？

兩人都當上了屯長，
小有威望。

陳勝、吳廣皆次當行，為屯長。
——《史記・陳涉世家》

行軍途中，
突然下起大暴雨，
道路不通，
他們無法按時到達目的地。

按照秦朝苛刻的法令，
他們會被殺頭。
無奈之下，
陳勝和吳廣決定發動起義。

還想什麼？

做就對了！

會天大雨，道不通，度已失期。失期，
法皆斬。陳勝、吳廣乃謀曰：「今亡亦
死，舉大計亦死，等死，死國可乎？」
——《史記·陳涉世家》

他們借用公子扶蘇和楚將項燕的名義，
號召大家起義。

他們在帛上寫下「陳勝王」幾個字，
塞進魚肚子裡。

乃丹書帛曰「陳勝王」，置人所罾魚腹
中。卒買魚烹食，得魚腹中書，固以怪
之矣。

——《史記·陳涉世家》

有人在吃魚時發現了這張布條，
引起騷動。

到了晚上，
駐地附近還出現若隱若現的火光，
風中傳來狐狸說話的聲音。

又間令吳廣之次所旁叢祠中，夜篝火，
狐鳴呼曰「大楚興，陳勝王」。卒皆夜
驚恐。旦日，卒中往往語，皆指目陳
勝。

——《史記‧陳涉世家》

駐地裡的人議論紛紛，
還對陳勝指指點點。

看到時機成熟，
吳廣故意在押送隊伍的軍官喝醉時，
揚言自己要逃跑。

吳廣素愛人，士卒多為用者。將尉醉，
廣故數言欲亡，忿恚尉，令辱之，以激
怒其眾。
——《史記·陳涉世家》

軍官果然被激怒了，
當眾狠狠抽打吳廣。

你好大的膽子！！

吳廣奪下軍官的佩劍，
和陳勝一起拿下他。

嘿！　　　　　哈！

尉果笞廣。尉劍挺，廣起，奪而殺尉。陳
勝佐之，並殺兩尉。
　　　　　　　　——《史記‧陳涉世家》

兩人趁機慷慨陳詞，
號召大家揭竿起義。

眾人紛紛響應，
踏上了浩浩蕩蕩的起義之路。

如果史記這麼帥 ❷　霸王王侯

召令徒屬曰：「公等遇雨，皆已失期，
失期當斬。藉弟令毋斬，而戍死者固十
六七。且壯士不死即已，死即舉大名
耳，王侯將相寧有種乎！」徒屬皆曰：
「敬受命。」
　　　　　　　　　　── 《史記・陳涉世家》

【鴻鵠（ㄏㄨˊ）之志】

陳勝一直渴望發達，認為那些嘲
笑自己的人是不知鴻鵠之志的燕
雀。比喻一個人有遠大志向。

【揭竿而起】

走投無路的百姓舉起竹
竿當旗幟，進行反抗。
指人民起義。

【披堅執銳】

身穿鎧甲，手拿利器。指
將領全副武裝。

我今天穿這套。

漢初丞相

劉邦的左膀右臂

7,

蕭何和曹參從劉邦起義之時
就跟在他身邊，一個固守後
方，調配物資，一個衝在前
線，打仗殺敵。後來兩人相
繼擔任丞相，為大漢的繁榮
打下堅實基礎。

蕭何

屢遭懷疑的後勤保障大功臣

蕭何

出生地

泗水郡沛縣
（今江蘇徐州）

生年

西元前 257 年

卒年

西元前 193 年

身份

漢朝開國功臣、
相國

技能

兵足糧足

後方功臣

　　蕭何早年在沛縣當官，是劉邦的上司。陳勝、吳廣起義後，蕭何和曹參向沛縣縣令建議，召來劉邦發動起義。縣令答應之後又反悔，打算殺了他們。於是蕭何投靠劉邦，推舉他為沛公，輔佐他起義抗秦。楚漢相爭時，蕭何留守後方，負責補充兵源、運輸糧草，為劉邦提供了強大的支援。漢朝建立後，他被劉邦列為第一功臣，擔任相國，得到最多的恩賞。

　　蕭何曾推薦韓信為將，後來韓信反叛的消息傳來，蕭何又設計騙他入宮，囚禁起來殺掉，除了劉邦的心病。他主張無為而治、與民休息，讓經歷了多年戰亂的社會平穩下來。自己也保持樸素的作風，為後代樹立了良好的榜樣。

表揚大會

你知道嗎？ 總是被皇帝懷疑怎麼辦？

　　韓信反叛被殺後，劉邦重賞了出謀劃策的蕭何。於是有人告誡他：「皇帝這是在測試你是否忠心。」蕭何趕緊辭謝了封賞，又將家中的資產捐給軍隊，劉邦聽說後十分高興。後來大將軍英布也反叛了，劉邦疑心更重，蕭何便私下用低價強買百姓田宅，故意敗壞自己的名聲。劉邦這才安心，也不追究他。

曹參

驍勇名將，當上丞相後卻不幹正事

蕭規曹隨

曹參

出生地
泗水郡沛縣
（今江蘇徐州）

生年
不詳

卒年
西元前 190 年

身份
漢朝開國將領、
相國

技能

如法炮製

曹參曾是蕭何的下屬，劉邦的上司。後來他和蕭何一起跟隨劉邦起義，屢建戰功，滅亡了秦朝，打敗了項羽，被排為功臣第二。漢朝成立後，曹參多次協助劉邦討伐反叛的諸侯國，很受信任，被劉邦派去長子的封國輔佐他。蕭何去世時，向皇帝建議讓曹參當相國，曹參也猜到自己要接替他的職位，提前命人收拾行李，準備進京。

曹參繼任相國後，一切都遵從蕭何定下的法度，沒有變更。漢惠帝責備他不好好主持國家大事，曹參只好謝罪：「我不如蕭何賢能，您也不比先帝厲害。他們定下法令，我們只要好好遵循，恪盡職守就夠了。」曹參因此和蕭何齊名。

報告丞相……

老規矩。

大開眼界 **世上怎會有工作不如喝酒的上司**

曹參接替蕭何當了相國後，常常無所事事。他喜愛喝酒，在家裡聽到醉酒的鄰居耍酒瘋，也擺上酒席痛飲，跟著呼喊應和。有的官員看不慣，曹參就拿酒堵住他們的嘴，他們直到醉醺醺地離開，也沒能開口勸諫。曹參堅持自己的行事準則，為漢朝經濟恢復打下基礎！

功勞第一的開國丞相

秦朝末年，
沛縣縣令有個得力助手叫蕭何，
對歷代律法頗有研究。

他做事十分可靠，
連朝廷也多次召他入朝為官，
但都被拒絕。

蕭相國何者，沛豐人也。以文無害為沛
主吏掾……秦御史監郡者與從事，常辨
之。何乃給泗水卒史事，第一。秦御史
欲入言征何，何固請，得毋行。
　　　　　　　　——《史記·蕭相國世家》

如果史記這麼帥❷ 霸主王侯

後來，蕭何結識了劉邦，
認為他有大貴之相，
常常幫助他。

我留意你
很久了。

劉邦被調走時，
其他官員只送他三百錢餞行，
蕭何卻送了他五百錢。

還是蕭何大人
愛我。

高祖為布衣時，何數以吏事護高祖。高
祖為亭長，常左右之。高祖以吏繇咸
陽，吏皆送奉錢三，何獨以五。
——《史記·蕭相國世家》

不久，
陳勝、吳廣發動起義。
劉邦也在蕭何等人的支持下起義。

劉邦的軍隊最先攻入咸陽，
將領們得意忘形，
都跑去搶奪金銀財物。

及高祖起為沛公，何常為丞督事。沛公
至咸陽，諸將皆爭走金帛財物之府分
之。

——《史記·蕭相國世家》

只有蕭何四處尋找檔案資料，
收藏起來。

這些這些這些，
我全都要了。

後來，
項羽的軍隊進入咸陽，
一把火點燃了宮室，
連燒了三個月。

將軍，這裡是
三個月的量。

何獨先入收秦丞相御史律令圖書藏之。
——《史記・蕭相國世家》

而劉邦靠著蕭何收集的資料，
輕鬆掌握了所有關塞、戶籍的情況。

後來，劉邦和項羽爭奪天下，
蕭何留守後方。

後勤主管

漢王所以具知天下厄塞，戶口多少，強弱之處，民所疾苦者，以何具得秦圖書也。
——《史記·蕭相國世家》

他將所有事務都安排得井井有條。

還有誰要當兵的？！

來來來，你的糧。

劉邦幾次陷入困境，
蕭何都及時支援，
幫漢軍重整旗鼓。

快遞！
加急！

漢王引兵東定三秦，何以丞相留收巴
蜀，填撫諭告，使給軍食。
　　　　　　──《史記·蕭相國世家》

每次行動前，
蕭何都會稟報劉邦。

先幹吧，等大王
回來再說……

您所撥打的電話
已關機。

劉邦在繁忙的軍務中，
也時不時派使者來慰問蕭何。

大王在戰鬥時
突然很想你。

為法令約束，立宗廟社稷宮室縣邑，輒
奏上，可，許以從事；即不及奏上，輒
以便宜施行，上來以聞。
——《史記·蕭相國世家》

有人告訴蕭何，
這是劉邦在監視他。

他居然懷疑我……

蕭何趕緊把親人派上戰場，
劉邦果然安心了許多。

家譜

都給我上！

漢三年，漢王與項羽相距京索之間，上數使使勞苦丞相。鮑生謂丞相曰：「王暴衣露蓋，數使使勞苦君者，有疑君心也。為君計，莫若遣君子孫昆弟能勝兵者悉詣軍所，上必益信君。」於是何從其計，漢王大說。
——《史記·蕭相國世家》

劉邦平定天下後，
開始論功行賞，
給了蕭何最多的封地。

來來來，我的大功臣。

這引起了武將們的強烈不滿。
他們認為蕭何比不上在戰場拚命的人。

漢五年，既殺項羽，定天下，論功行
封。群臣爭功，歲餘功不決。高祖以蕭
何功最盛，封為酇侯，所食邑多。
　　　　　　　　——《史記·蕭相國世家》

如果史記這麼帥❷　霸主王侯

但劉邦認為，
蕭何就像是領路的獵人，
而將領不過是聽從指令的獵狗。
武將們無法反駁，
只能接受。

最終，劉邦封蕭何為酇侯，
又加封兩千戶土地，
報答他曾多送給自己的兩百錢。

喜歡嗎？

是日，悉封何父子兄弟十餘人，皆有食
邑。乃益封何二千戶，以帝嘗繇咸陽時
何送我獨贏奉錢二也。
　　　　──《史記·蕭相國世家》

【汗馬功勞】

意思是在戰場上建立戰功。
現指辛勤工作做出的貢獻。

【蕭規曹隨】

曹參繼任相國,按照蕭
何留下的規章制度處理
政務,沒有任何改變。

感謝蕭丞相!

【富於春秋】

劉邦封長子為齊王,因為覺得
他富於春秋(太過年輕),就
派曹參輔佐他。

同位不同命

物資調度部
蕭何
糧 糧

漢初時，馬是一種稀缺的交通工具，只有皇帝才能坐馬車，其他人只能坐牛車。▼

政務服務部
諸葛亮

變法改革部
王安石

相國一般指皇帝下面的最高行政官，輔佐皇帝處理政事。▼

上班真輕鬆。

曹參

143

謀士之智

運籌帷幄，各有妙招

8/

劉邦從平民變為天子，擁有
上陣殺敵的軍隊固然重要，
但也離不開在幕後神機妙算
的謀士。

張良

運籌帷幄之中，□□□□□□之外□謀聖

張良

出生地

潁川城父
（今河南郟縣）

生年

不詳

卒年

西元前 186 年

身份

漢朝開國功臣

技能

運籌帷幄

謀聖之路

張良是韓國貴族出身，亡國後結交刺客，試圖暗殺秦始皇，卻沒有成功。於是他亡命天涯，潛心研究兵法。在秦末農民起義中，他說服項梁復立韓王，達成「復國」的心願。後來他來到劉邦麾下，成為重要的謀士，幫他在鴻門宴上成功脫身。楚漢戰爭中，他憑藉出色的智謀，拉來英布、彭越等高手，協助劉邦取得最終勝利，建立漢朝。張良因此成為西漢開國功臣，被封為留侯。

之後張良不爭功名，隱居在家，很長時間都不出門。直到劉邦想改立太子，呂后求張良幫忙，他才再次出山，幫太子請來劉邦費老大勁都找不到的四位賢人，打消了劉邦的念頭。此後他再次不理世事，辟穀修仙，雲遊四海去了。

你知道嗎？ 謀聖的成名之路起源於撿鞋子？

張良曾在橋上遇到一位奇怪的老頭，他不僅故意將鞋甩到橋下，還指使張良撿起來給他穿上。好脾氣的張良照做了，老頭於是約他在五天後的凌晨見面。結果張良去的時候，老頭竟提前到了，還指責他遲到，於是下一次張良索性半夜就去等他。老頭十分高興，送給他一本絕世兵書。張良因此受益匪淺，成為一代謀聖。

陳平

六出奇計定社稷的謀臣良相

陳平

出生地

陽武縣戶牖鄉
（今河南原陽）

生 年

不詳

卒 年

西元前 178 年

身 份

漢朝開國功臣、
丞相

技 能

挑撥離間

離間楚軍

陳平年輕時家中貧窮，但長得高大英俊，還很喜歡讀書。秦末各地起義後，他先後侍奉了魏王和項羽，後來才投奔劉邦。不過其他人都認為他品德不行，不願和他為伍。

當時劉邦時常在項羽的攻擊下陷入困境，於是陳平獻計，要了很多黃金到楚軍中展開離間活動，讓項羽猜疑手下的將領。項羽最好的謀臣范增也因此與他失和，憂憤病死。漢朝建立後，他建議劉邦假裝出遊，實則偷襲韓信，將這個不穩定因素抓回眼皮底下看管。匈奴入侵時劉邦親征，被困了七天七夜，也是靠陳平才解了困。

呂氏專權時，陳平被剝奪了實權。等到呂后去世，他和周勃聯手平定諸呂之亂，迎立文帝，擔任丞相。

大開眼界 　**遇上強盜，美男子脫衣消災**

陳平本來是項羽手下，但見他剛愎自用，一有不滿就殺害功臣，於是趕緊逃命投奔劉邦。橫渡黃河時，船夫見他一個美男子單身獨行，懷疑是逃亡的將領，身上肯定藏有金銀珠寶，一直不懷好意地盯著他。陳平見勢不妙，忙解開衣服，赤身裸體，還討好地幫忙撐船。船夫看他一無所有，這才沒有下手。

劉邦也離不開的首席智囊

張良出身於貴族之家，
祖父和父親都擔任過韓國宰相。

然而到了張良這一代，
韓國被秦國滅亡，
他的人生一下子跌入谷底。

這地歸我了！

> 留侯張良者，其先韓人也。大父開地，
> 相韓昭侯、宣惠王、襄哀王。父平，相
> 釐王、悼惠王。悼惠王二十三年，平
> 卒。卒二十歲，秦滅韓。良年少，未宦
> 事韓。
>
> ——《史記·留侯世家》

張良心懷國仇家恨，
傾盡家產尋求勇士，
刺殺秦王。

刺殺行動沒有成功，
秦王命人全力搜捕張良，
他隱姓埋名躲了起來。

> 韓破，良家僮三百人，弟死不葬，悉以
> 家財求客刺秦王，為韓報仇，以大父、
> 父五世相韓故。
> 　　　　　　　　——《史記·留侯世家》

張良偶然得到一部兵書。
他如獲至寶，努力研讀。

後來張良遇到劉邦，
認為他是自己的伯樂，
毅然追隨了他。

良數以太公兵法說沛公，沛公善之，常
用其策。良為他人言，皆不省。良曰：
「沛公殆天授。」故遂從之。
　　　　　　　——《史記·留侯世家》

張良經常生病，
不能帶兵作戰。
但劉邦很聽他的話。

我夜觀星象，
你明天會贏。

今天下雨，哪來
的星星。

劉邦攻入咸陽宮殿時，
一時沉迷香車寶馬、珠寶美人。

我的我的！

都是我的！

沛公入秦宮，宮室帷帳狗馬重寶婦女
以千數，意欲留居之。樊噲諫沛公出
舍，沛公不聽。
　　　　　　　——《史記·留侯世家》

在張良的勸說下，
他才放下享樂之心。

我就開個玩笑，
玩笑……

主公你是想吃我一錘呢，
還是想吃我一劍呢？

在危機叢生的鴻門宴上，
也是張良幫劉邦化險為夷。

來來來　消消氣

良曰：「夫秦為無道，故沛公得至此。
夫為天下除殘賊，宜縞素為資。今始入
秦，即安其樂，此所謂『助桀為虐』。
且『忠言逆耳利於行，毒藥苦口利於
病』，願沛公聽樊噲言。」沛公乃還軍
霸上。

——《史記·留侯世家》

後來項羽忌憚劉邦，
讓他到條件惡劣的巴蜀之地去。
張良便讓劉邦燒斷沿途的棧道，
表示自己不再返回中原。

燒吧，我們還
會回來的。

劉邦在封地勵精圖治，
趁項羽放鬆警惕，
攻下關中之地，爭奪中原。

這不就回來了？

漢王之國，良送至褒中，遣良歸韓。良因
說漢王曰：「王何不燒絕所過棧道，示天
下無還心，以固項王意。」乃使良還。
行，燒絕棧道。
——《史記·留侯世家》

有人建議劉邦重新封立六國，
來獲取百姓的支持，
對抗項羽。

劉邦馬上命人製作印信，
準備送往六國。

食其曰：「……陛下誠能復立六國後
世，畢已受印，此其君臣百姓必皆戴陛
下之德，莫不鄉風慕義，願為臣妾。德
義已行，陛下南向稱霸，楚必斂衽而
朝。」漢王曰：「善。趣刻印，先生因
行佩之矣。」

——《史記・留侯世家》

剛好張良回來，
劉邦得意地把計畫告訴他。

張良一聽，
覺得大事不好，
立刻給劉邦潑了一盆冷水。

食其未行，張良從外來謁。漢王方食，
曰：「子房前！客有為我計橈楚權者。」
其以酈生語告，曰：「於子房何如？」良
曰：「誰為陛下畫此計者？陛下事去
矣。」
—— 《史記·留侯世家》

聽完張良分析利弊，
劉邦被嚇出一身冷汗。

我是誰？

我在哪？

我要幹什麼？

他趕緊下令銷毀印信，
放棄重封六國的計畫。

漢王輟食吐哺，罵曰：「豎儒，幾敗而
公事！」令趣銷印。
　　　　　　　　——《史記・留侯世家》

在張良的舉薦下，
劉邦起用了多位軍事奇才，
成功擊敗項羽。

封賞功臣時，
劉邦特別關照張良，
讓他隨意選擇封地。
張良卻要了小小的留縣就滿足了。

良未嘗有戰鬥功，高帝曰：「運籌策帷
帳中，決勝千里外，子房功也。自擇齊
三萬戶。」良曰：「始臣起下邳，與上
會留，此天以臣授陛下。陛下用臣計，
幸而時中，臣願封留足矣，不敢當三萬
戶。」
　　　　　　　——《史記·留侯世家》

詞語大富翁

【孺子可教】

意思是小孩子是可以教誨的。後形容年輕人有出息，可以造就。

【運籌帷幄】

張良總是在軍帳中幫助劉邦制定作戰計畫，被劉邦稱讚：「運籌帷幄之中，決勝千里之外。」

【立錐之地】

只能插錐尖的一點地方。形容極小的一塊地方。

【陳平分肉】

陳平曾在祭祀典禮上負責分肉，分配得很均勻。比喻一個人處理事情很公正。

【汗流浹背】

孝文帝曾在朝廷上向陳平和周勃詢問國事，周勃一問三不知，急得汗水流得滿背都是。

【善始善終】

陳平從輔佐劉邦滅楚建漢，到剷除呂氏、安定漢室，終身保持名望，成為一代賢相。意思是做事情有好的開頭，也有好的結尾。

武將之悲

鳥盡弓藏，兔死狗烹

9/

擁有護國之功的武將，手握
重兵怎麼能不被皇帝猜忌？
即使他們辭官躲回封地，又
能避到何時呢？

周勃

安定劉氏天下的開國大將

周勃

出生地

泗水郡沛縣
（今江蘇徐州）

生　年

不詳

卒　年

西元前 169 年

身　份

漢朝開國功臣、
丞相

技　能

安邦定國

戰功赫赫

　　周勃和劉邦同為沛縣人。他多才多藝，靠編織手工藝品養活自己，有時還去辦喪事的地方兼職吹簫奏輓歌。他力氣很大，能拉開硬弓。劉邦剛起兵時，周勃就跟著他四處征戰，立下無數戰功，被封為絳（ㄐㄧㄤˋ）侯。

　　漢朝建立後，周勃繼續率軍平定叛亂，又是個忠厚的大老粗，劉邦十分信任他。然而呂氏專權的時候，他身為太尉，卻不能進入軍營。於是他和丞相陳平一起謀劃，推翻呂氏家族，擁立漢文帝。周勃因此升為右丞相，得到很多封賞。後來，他害怕地位過高會引來災禍，主動辭職。陳平去世後，周勃被請回來繼任丞相，但不久後漢文帝又看他不順眼，將他罷職。

 比開國功臣厲害的官竟在監獄！

　　周勃被罷職後回到自己的封地。他可能有被害妄想症，經常披著鎧甲，手握武器，於是被人誣陷謀反，被下獄治罪。不知如何辯護的周勃總是被獄卒欺負，只好賄賂他。周勃被釋放後，不由得感歎：「我曾率領百萬大軍，卻從來不知道獄卒也這麼尊貴啊！」

周亞夫

出將入相最終入獄絕食的直腸子

細柳閱兵

周亞夫

出生地

泗水郡沛縣
（今江蘇徐州）

生年

西元前 199 年

卒年

西元前 143 年

身份

漢朝將領、
丞相

技能

兵糧寸斷

周亞夫是周勃的次子，因為哥哥犯了罪，才輪到他繼承侯位。匈奴大舉入侵時，他被任命為將軍，駐守在細柳營。漢文帝親自去慰勞軍隊，卻被守衛以「軍中只聽將軍命令，不聽天子詔令」為由擋在門口。被允許進去後，一行人也只能拉緊馬車的韁繩慢慢前進。周亞夫穿著鎧甲，不方便向皇帝跪拜，只行了個軍禮。漢文帝並不覺得受到冒犯，反而被整肅的軍容所感染，連連稱讚周亞夫。

漢景帝時爆發了七國之亂，周亞夫領命平叛，巧用計謀，僅用三個月就解決了，憑藉功勳升為丞相。但他太把自己當回事，經常讓景帝下不來台，又得罪了太多權貴，最終被免職。

原來如此 —— 戰功赫赫的將軍遇上敗家兒子

周亞夫性格剛正耿直，卻被兒子害慘了。他兒子為父親買了五百件只有皇帝殉葬才能用的盔甲盾牌，還雇了一群人搬運。但他不僅不給雇工封口費，還拖欠人家薪水。雇工們為了討薪水，給周家扣上了「謀反」的大帽子。於是周亞夫被逮捕下獄，在嚴刑拷打下抵死不從，最終活活將自己餓死。

167

享有榮華富貴卻被預言餓死

周亞夫是漢朝開國功臣周勃的兒子。
曾經有人給他看相，
說他會做大官，最後因飢餓而死。

我算得很準的！

我在這裡！

周亞夫根本不信。
當時他的哥哥已經襲位，輪不到他。
況且周家豪門大族，自己怎麼可能餓死？

> 條侯亞夫自未侯為河內守時，許負相
> 之，曰：「君後三歲而侯。侯八歲為將
> 相，持國秉，貴重矣，於人臣無兩。其
> 後九歲而君餓死。」
> ——《史記・絳侯周勃世家》

結果幾年後，
他的哥哥因罪被剝奪侯位，
漢文帝重新選了周亞夫來繼承。

周亞夫不負所望，
展現出卓越的領導能力和軍事才能，
被提拔為將軍。

居三歲，其兄絳侯勝之有罪，孝文帝擇
絳侯子賢者，皆推亞夫，乃封亞夫為條
侯，續絳侯後。
　　　　　——《史記·絳侯周勃世家》

後來，
漢初分封的諸侯國發動叛亂。
漢景帝命周亞夫領軍去平叛。

叛軍全力攻打梁國時，
梁國頂不住，
向周亞夫求救，
卻沒有得到回應。

太尉既會兵滎陽，吳方攻梁，梁急，請救。太尉引兵東北走昌邑，深壁而守。梁日使使請太尉，太尉守便宜，不肯往。

——《史記·絳侯周勃世家》

梁國只好向景帝打小報告，
想給周亞夫施壓。
但周亞夫早已和景帝商量好，
放棄梁國來麻痺叛軍。

別管他，玩
我們的。

皇上，救
救我們！

撐住啊！

周亞夫還悄悄派出騎兵，
斷絕了叛軍的糧道。

> 梁上書言景帝，景帝使使詔救梁。太尉
> 不奉詔，堅壁不出，而使輕騎兵弓高侯
> 等絕吳楚兵後食道。
> 　　　　　　　——《史記·絳侯周勃世家》

叛軍越來越飢餓，
為了脫困，
屢次在周亞夫的軍營前挑釁，
但周亞夫不為所動。

去前面搶吃的！

有天，
軍營裡起了內訌，
一直鬧到周亞夫的營帳下。

吳兵乏糧，饑，數欲挑戰，終不出。
夜，軍中驚，內相攻擊擾亂，至於太尉
帳下。
　　　　　——《史記・絳侯周勃世家》

周亞夫用裝睡來應對。
不出他所料，
內亂很快不了了之。

散了散了……

呼嚕　呼嚕　呼嚕

叛軍還試圖聲東擊西，
又被周亞夫識破，
只好撤退。

看看誰又起鬨了。

太尉終臥不起。頃之，復定。後吳奔壁
東南陬，太尉使備西北。已而其精兵果
奔西北，不得入。吳兵既餓，乃引而
去。

——《史記‧絳侯周勃世家》

後來周亞夫乘勝追擊，
大敗叛軍。
僅僅用了三個月，
他就平定了七國之亂。

人們這才承認周亞夫有勇有謀。
漢景帝也十分滿意，
升他做了丞相。

太尉出精兵追擊，大破之。吳王濞棄其
軍，而與壯士數千人亡走，保於江南丹
徒。漢兵因乘勝，遂盡虜之，降其兵，
購吳王千金。月餘，越人斬吳王頭以
告。凡相攻守三月，而吳楚破平。於是
諸將乃以太尉計謀為是。
——《史記·絳侯周勃世家》

但是不久以後，
周亞夫和漢景帝的矛盾越來越多。
於是他放飛自我，
稱病不上朝。

漢景帝也不慣著他，
使出了撒手鐧——撤職。

五歲，遷為丞相，景帝甚重之。景帝廢
栗太子，丞相固爭之，不得。景帝由此
疏之。而梁孝王每朝，常與太后言條侯
之短……亞夫因謝病。景帝中三年，以
病免相。

　　　——《史記・絳侯周勃世家》

過了不久，
漢景帝請周亞夫吃飯，
卻不給他餐具，
周亞夫很不高興。

沒有筷子
怎麼吃！

漢景帝氣他不給自己面子，
兩人不歡而散。

刪除好友

頃之，景帝居禁中，召條侯，賜食。獨
置大胾，無切肉，又不置櫡。條侯心不
平，顧謂尚席取櫡。景帝視而笑曰：
「此不足君所乎？」條侯免冠謝。上起，
條侯因趨出。景帝以目送之，曰：「此
怏怏者非少主臣也！」
——《史記・絳侯周勃世家》

後來，
周亞夫被人誣陷造反。
漢景帝將他扔進監獄，
獄吏也一直逼問他。

周亞夫氣得絕食五天，
最後吐血而死。

亞夫曰：「臣所買器，乃葬器也，何謂
反邪？」吏曰：「君侯縱不反地上，即欲
反地下耳。」吏侵之益急。初，吏捕條
侯，條侯欲自殺，夫人止之，以故不得
死，遂入廷尉。因不食五日，嘔血而
死。

—— 《史記·絳侯周勃世家》

漢家天子忌功臣

劉邦以一介草根的身份，在一眾支持者的輔助下滅亡秦朝、打敗西楚霸王、建立新王朝，之後開始分封功臣，評定功勞。但是，共患難後，就能同富貴嗎？

劉邦

蕭何

★ 跟隨劉邦起義，掌管軍需後勤；成為第一功臣，漢初丞相。

★ 經常被劉邦懷疑會叛變，不得不散家財資助軍需，甚至自毀清譽。

曹參

★ 跟隨劉邦起義，身經百戰；成為第二功臣。

★ 被派到齊國輔佐劉邦的長子。繼蕭何之後擔任丞相。

樊噲

★ 跟隨劉邦起義，在鴻門宴上營救劉邦；功勳卓著，擔任大將軍、左丞相。
★ 被詆毀和呂氏結黨，差點被斬首，恰好劉邦去世，得到釋放。

韓信

★ 經蕭何推薦成為劉邦的大將，為劉邦贏得楚漢之爭立下汗馬功勞。
★ 被劉邦解除兵權，從齊王降為楚王又遭貶為淮陰侯，最後被騙進宮裡殺害。

陳平

★ 參與楚漢戰爭，平定異姓王侯叛亂，是劉邦的重要謀士。
★ 在漢文帝時期擔任丞相，得以善終。

張良

★ 用出色的謀略協助劉邦贏得楚漢戰爭；幫助呂后之子保住太子之位。
★ 明哲保身，遠離朝堂得以善終。

周勃

★ 跟隨劉邦起義，屢建戰功，被封為絳侯；剷除呂氏，擁立漢文帝，被拜為丞相。
★ 受漢文帝猜忌而辭去相職，被誣告謀反而入獄，出獄後在封地病逝。